JEAN RIVAIN

# DE LA SOUVERAINETÉ
ET
# DE LA REPRÉSENTATION DES INTÉRÊTS

Conférence donnée au Comité *Tradition-Progrès*
sous la présidence
DE
M. Henry TAUDIÈRE

*PRÉFACE*
*du Marquis de la TOUR-DU-PIN-LA-CHARCE*



PARIS
NOUVELLE LIBRAIRIE NATIONALE
*85, rue de Rennes, 85*

1910

# DE LA SOUVERAINETÉ

ET

# DE LA REPRÉSENTATION DES INTÉRÊTS

# DE LA SOUVERAINETÉ

ET

# DE LA REPRÉSENTATION DES INTÉRÊTS

## LES VICES DU RÉGIME ÉLECTIF

Les Américains, qui sont hommes d'affaires avant tout, ont coutume de dire qu'une morte-saison leur revient tous les quatre ans à chacune de leurs élections présidentielles. Le pouvoir de l'Etat mis aux enchères publiques exige, en effet, des partis rivaux, de telles dépenses de temps et d'argent qu'il ne paraît plus en rester pour les affaires de la vie courante. En fait, les plus forts de ces intérêts privés y retrouvent cependant leur compte, car ce sont eux qui réussissent à nommer le président de leur choix et les créatures de leur parti, et ils espèrent bien, dans les années qui suivent, retrouver en part de butin le bénéfice de leur argent dépensé et de leur temps perdu.

Nous assistons cette année en France à la même curée d'appétits électoraux, auxquels se mêlent les intentions généreuses et bornées de ces conservateurs conduits par les libéraux que M. de la Tour du Pin appelait avec une si juste finesse les caniches conduits par les aveugles.

Depuis deux mois, et pour deux mois encore, nous n'avons entendu et nous n'entendrons plus parler que d'élections. Les royalistes seront d'autant plus libres de tirer le meilleur parti de ces circonstances au service de la politique offensive recommandée par le Prince qu'ils n'attendent aucune solution de cette prétendue consultation populaire, qui n'est et qui ne peut être que le marché des faveurs publiques.

Ajoutons que la grande masse du pays ne juge pas les élections autrement que les royalistes. Clairvoyance ou calcul, elle n'y voit qu'un échange de petits services, un trafic de petits intérêts ; et la plupart des électeurs, qui sont faibles sans être tout à fait corrompus, méprisent profondément les politiciens de profession qu'ils nomment, qu'ils paient, et qui sont prêts à toutes les complaisances envers les personnes, à toutes les lâchetés envers la foule pour garder leur part du pouvoir et de ses profits.

Ce dégoût du parlement est venu au point d'inquiéter et de menacer les parlementaires eux-mêmes. Ils ont senti le besoin de faire quelque chose pour retrouver un peu de crédit auprès de l'opinion publique. C'est alors qu'ils ont commencé leur campagne en faveur de la représentation proportionnelle. Grâce à cet ingénieux mécanisme, les députés ne représenteraient plus tant bien que mal cinq ou six cents pays de France, mais une douzaine de partis rivaux bien définis et tout prêts à se déchirer les uns les autres. C'est ce qu'on appelle organiser un gouvernement d'opinion.

Au nom du droit des minorités, une foule de braves gens que la politique électorale a rendus étrangers à la politique éternelle, toujours battus, jamais éclairés par leur malheur, se sont empressés de courir comme au salut à cette nouvelle aventure. Mais les royalistes attendent avec un scepticisme mêlé d'ironie le merveilleux succès de ce rajeunissement du suffrage universel.

L'occasion nous paraît favorable d'opposer à ces ingénieux faiseurs de constitutions le magnifique exemple de la Monarchie française, qu'aucun mécanisme n'avait établi et qui portait en elle-même toutes les promesses et toutes les garanties d'un gouvernement naturel.

Un de nos maîtres, Bonald, écrivait déjà : « Que « s'est-il donc passé dans la société qu'on ne puisse « plus faire aller qu'à force de bras une machine

« démontée qui allait autrefois toute seule, sans bruit « et sans effort ? »

C'est cette opposition essentielle entre la fermeté de notre politique réaliste et la vanité des constructions juridiques de tous les visionnaires, de tous les jacobins blancs, bleus ou rouges, qui doit nous guider dans cet examen.

La Monarchie est une société politique qui va toute seule parce qu'elle dure et prospère par des moyens naturels. — Ces moyens naturels, ces forces qui lui ont donné naissance et contribuent à son développement ne sont que la mise en place, et j'ajouterais, la mise en service des ressources de la nature humaine et de la vie sociale.

Pour améliorer son état, l'homme cherche, il généralise, il compose. Son ingéniosité lui permet de tenter des expériences, d'essayer des réussites qui se jugent et se corrigent à l'épreuve, que le succès justifie et donne en exemples, que l'empirisme découvre et consolide. Ainsi la société se développe, s'organise et s'enrichit. La complexité croissante de ses besoins exige une plus grande division du travail, et l'importance de chaque travail une activité mieux réglée et prolongée au delà des bornes d'une vie humaine. Chaque service social se trouve ainsi assuré par des institutions qui naissent de la nécessité et d'une initiative heureuse et qui durent par les services mêmes qu'elles rendent. Ces institutions relient les efforts des hommes ; elles les encadrent, les guident, les soutiennent et en multiplient les fruits. Le pays prospère en fixant l'expérience, car l'empirisme organisateur enseigne et perpétue toutes les manières de servir. Le temps que rien ne remplace crée une tradition des bienfaits et des fautes ; et les qualités de l'homme s'ajoutant aux vertus des institutions, déterminent, modèlent et achèvent la société. Notre vieille société française était ainsi douée d'une constitution politique robuste, parce que celle-ci était une œuvre historique et empirique. Mais les partisans de la représentation proportionnelle ne sont jamais que des constituants, et, comme tous les constituants, un respect superstitieux et vraiment naïf du droit constitutionnel paraît les autoriser à négliger les questions de fait. Ces constituants de la dernière mode ne pensent qu'à célébrer les vertus de leur mécanisme, les ingénieuses merveilles de leur nouveau joujou électoral, sans penser, ni à l'office de souverain qu'il doit remplir, ni aux intérêts qui viendront fausser la nouvelle règle du jeu comme ils ont déjà faussé l'ancienne, ni aux pouvoirs établis et bien résolus à rester en place qui tiendront comme par hasard les ficelles de leur machine.

Nous restons sceptiques. Je dirais même que nous avons trop de raisons de montrer un peu de mépris et beaucoup d'irritation contre ces prétendus opposants qui acceptent toujours le terrain de l'adversaire en se prêtant avec complaisance et sottise à toutes les diversions qui le servent, contre ces moutons toujours bêlants et toujours affolés qui s'engagent aveuglément dans toutes les impasses.

Nous avons trop de raisons de leur dire :

« Vous perdez votre temps et vos ressources à vouloir changer la façade de l'anarchie. Parce que vous aurez mieux organisé le gouvernement des partis, empêcherez-vous ce gouvernement des partis d'être un régime de guerre civile ? Non, puisque votre réforme innocente se borne à changer les procédés du régime électif et que vous continuerez comme par le passé à vendre sur le marché électoral aux plus offrants, aux plus avides et aux moins scrupuleux les pouvoirs de l'État.

« Quel que soit le bulletin de vote que vous mettrez entre leurs mains, vous n'empêcherez pas les électeurs de préférer leurs intérêts privés immédiats à l'intérêt général, et de voter régulièrement pour ceux qui savent le mieux piller le bien public et leur en laisser quelques dépouilles.

« Vous n'empêcherez pas les ministres d'avoir besoin du vote des députés comme les députés ont besoin du vote des électeurs, ni les députés d'avoir besoin des faveurs des ministres comme les électeurs ont besoin des faveurs des députés. La représentation proportionnelle n'arrêtera pas cet échange de services parce qu'elle en fera un peu plus une affaire de partis, un peu moins une affaire de personnes. Le parti le plus nombreux sera toujours celui dont la pâtée sera la plus appétissante, et ce sera toujours le parti le plus fort qui mangera la soupe des autres. C'est tout ce qu'il faut pour asseoir solidement une majorité : c'est moins que rien pour le gouvernement d'un pays. »

Puisque ces Messieurs de la représentation proportionnelle ont oublié d'allumer la lampe de leur lanterne magique, nous allons essayer de les éclairer.

Parmi les ardents apôtres de la représentation proportionnelle, nous trouvons un bon nombre de ces libéraux, derniers défenseurs du régime parlementaire, qui attendent des nouveaux avantages accordés aux minorités une représentation un peu moins médiocre de leur parti, et d'une façon générale une expression plus fidèle et une application plus rigoureuse du gouvernement d'opinion.

Mais voilà justement la lanterne libérale qu'il s'agit d'éclairer.

L'opinion peut-elle être un jugement désintéressé du public ? N'est-elle pas la plupart du temps commandée par des intérêts assez bas ; et alors n'est-il pas de beaucoup préférable d'organiser tout de suite une représentation directe des intérêts légitimes plutôt que de voir un gouvernement d'opinion représenter en fait des appétits que la Constitution républicaine a la pudeur de ne pas reconnaître ?

D'autre part, l'opinion peut-elle gouverner ? Je sais bien qu'en théorie les parlementaires gouvernent au nom de la République une et indivisible, comme disaient nos pères de 89. Mais, en fait, leurs électeurs seraient fort scandalisés qu'ils ne représentent pas d'abord leur circonscription. Et comme les élus ne sont responsables que devant leurs électeurs et non pas devant cette souveraine aussi constitutionnelle qu'imaginaire qui s'appelle la République, il s'ensuit qu'un régime d'opinion, avec ou sans représentation proportionnelle, ne peut que mettre aux prises des intérêts particuliers sans créer de légitime souverain.

Les royalistes sont absolument les seuls qui puissent répondre efficacement à ces deux questions pourtant très élémentaires :

Comment faire un souverain responsable et compétent ?

Quels services peut rendre une bonne représentation des intérêts ?

## L'INTÉRÊT GÉNÉRAL

Quelle que soit l'habileté de son mécanisme, un régime électif qui met le pouvoir souverain aux mains de quelques millions de particuliers ne peut attendre de son principe même qu'une représentation des intérêts particuliers. Or, ce que méconnaît forcément tout régime électif, et ce qui fait pourtant les progrès d'une cité et l'unité d'une patrie, c'est la sauvegarde de l'*intérêt général*.

Tous les intérêts particuliers vivent sous sa protection. Leur sort est lié. Malgré la diversité des besoins de nos familles, de nos pays de France, des classes sociales qui s'y rencontrent et des générations qui s'y succèdent, le bien public est leur indépendance, leur accord et l'équilibre harmonieux de leurs forces.

Si l'*intérêt général* est souverain, la frontière sera défendue. Notre terre, nos biens, notre indépendance seront protégés contre les entreprises de l'étranger. On saura comprendre la nécessité d'une marine qui, en étendant notre empire, assure à l'expansion française de nouveaux moyens de pénétration, à notre industrie de nouveaux débouchés, et à la parole de nos diplomates ou de nos consuls plus de respect. Les ambitions de nos voisins seront surveillées ; les menées de l'étranger à l'intérieur seront surprises. L'agriculture ne sera pas sacrifiée au commerce ou inversement, au gré d'une majorité. La sécurité de notre industrie ne sera pas soumise aux nécessités de la surenchère démocratique. L'avenir de nos finances ne sera pas sacrifié aux plus folles exigences du présent. La justice pourra n'être plus un masque pour les voleurs ou les faussaires, un moyen de gouvernement aux mains d'un parti.

En somme, l'intérêt général veille à l'avenir, à l'accord, à la sécurité, à l'existence même des intérêts particuliers. Il est le plus grand intérêt de l'Etat, non point parce qu'il comprend tous les autres, mais parce qu'il les résume et les conditionne tous ; que, plus complexe, il est aussi plus durable et pour ainsi dire perpétuel.

Et maintenant faisons comparaître devant nous les défenseurs de tous les régimes électifs, quelle que soit leur manière de compter les voix des électeurs.

Et demandons-leur : A qui confiez-vous la garde de l'intérêt général ?

Et répondons pour eux : Aux représentants des intérêts particuliers.

— Mais devant qui sont-ils responsables ? A qui doivent-ils rendre compte de leur mandat ?

— A ces intérêts particuliers.

— Mais que demande chacun de ces intérêts particuliers ?

— Être plus grassement servi que son voisin.

Et concluons que le mécanisme rigoureux du régime électif a pour effet direct de faire du bien public un objet de pillage.

D'ailleurs, s'il n'existait pas encore sous les vieilles étiquettes de conservateurs et de libéraux tant de malades qui chérissent leur mal, il paraîtrait vraiment superflu de démontrer qu'en principe un régime électif ne peut être qu'une mise aux enchères du bien public.

Pratiquement, la preuve en est trop claire.

Un budget de quatre milliards est découpé comme un gâteau où l'on rogne toujours la part des services d'Etat au profit des intérêts électoraux. Quand le budget ne suffit pas à satisfaire la voracité du peuple électeur, de nouveaux emprunts viennent charger l'avenir de tous les gaspillages du présent.

L'argent n'est d'ailleurs pas le seul objet du pillage démocratique. Notre France possède aussi un patrimoine d'institutions, de coutumes et de richesses morales. Ce patrimoine est le fruit merveilleux d'une civilisation qui a fait pendant plusieurs siècles ses preuves de bon service. Et ce sont ici les lois qui se chargent de dissiper cet héritage. Les lois sur le divorce, sur le partage forcé, sur le service de deux ans, sur l'enseignement laïque, sur les congrégations, sur la séparation de l'Église et de l'État, sont autant de lois d'intérêt général faites contre l'intérêt général. Ce sont des intérêts de partis ou de personnes qui se partagent les profits momentanés de ces liquidations du bien public.

Si la pratique et les prévisions les plus élémentaires s'accordent pour nous montrer qu'un régime électif ne peut que soumettre l'intérêt général au service des intérêts particuliers, comment donc peut-on faire un souverain libre et responsable?

Nous l'avons dit, les royalistes seuls peuvent répondre à cette question.

Les royalistes répondent : Parce que la Monarchie est le pouvoir d'une famille, c'est-à-dire d'une société parfaite et perpétuelle, elle garde le pouvoir suprême indépendant.

Or cette indépendance du souverain est la première condition du gouvernement.

Les constituants de tous les partis sont des jacobins dès qu'ils pensent faire entrer une société politique dans le moule de leur fantaisie. Avant de s'amuser comme eux au petit jeu puéril des constitutions, il convient de poser un premier principe.

L'intérêt général ne doit jamais être soumis aux intérêts particuliers, puisqu'il doit au contraire se les soumettre pour les juger. Par conséquent, le pouvoir souverain doit rester à l'abri des entreprises des pouvoirs particuliers.

### LE SERVICE ROYAL

Je formulais tout à l'heure quelques bienfaits politiques de l'intérêt général connu et défendu comme souverain. Pour rendre l'importance et la qualité de ces fonctions souveraines plus sensibles, je rappelle comment elles peuvent être exercées par un roi. Sous nos rois, le sceptre, l'épée et la main de justice, qui sont les symboles expressifs de leurs fonctions, ont pu être tenus sans défaillance grave jusqu'en 1789. Examinons les services souverains ainsi rendus par une famille au bien public lorsqu'on a fait de ce bien public le patrimoine de cette famille.

Il faut défendre la patrie contre les entreprises de l'étranger. Le Prince est le maître de la guerre et de la paix. Ce rôle de protecteur du pays exige essentiellement l'unité et l'indépendance du pouvoir. Il veut de longues vues sur l'avenir, le secret des opérations, l'unité d'action, la possibilité de l'offensive, la rapidité et la souplesse de la manœuvre diplomatique et militaire, l'importance du plan caché qui permet de tirer un certain parti des concessions, des variations et des revers comme des succès. Ce service de la défense nationale exige donc une autorité libre de ses actes pour manœuvrer et pour traiter, pour gouverner et pour prévoir.

Il faut ce même pouvoir souverain pour être juge. Comme l'épée est l'attribut du prince soldat, le sceptre et la main de justice sont les attributs du prince arbitre. Je ne fais pas ici de l'archaïsme à plaisir. Parler de sceptre, d'épée et de main de justice n'est pas faire un étalage romantique des symboles décoratifs de notre ancienne monarchie ; car ces souvenirs sont les signes sensibles des fonctions souveraines qu'ils représentent.

On peut supposer, suivant les déclarations du

Prince, la décentralisation la plus complète, l'entière remise des intérêts particuliers aux soins des pouvoirs particuliers. Un service d'arbitre sera toujours nécessaire. Qu'il s'agisse de communes ou de provinces, d'agriculture ou d'industrie, de corps de métiers ou de services publics, de familles ou d'Église, il n'en restera pas moins certain que ces intérêts particuliers, vivant côte à côte, entreront parfois en conflit. Si l'on veut éviter qu'ils s'opposent, se battent et se détruisent les uns les autres, il faudra les départager ; et il n'y a qu'un seul point de vue d'où ce partage puisse être fait avec sagesse, c'est celui de l'intérêt général, qui permet de décider suivant les services rendus par chacun à la communauté. Il faut donc un vrai pouvoir souverain, c'est-à-dire sans égal et sans obligations particulières, pour apprécier chaque intérêt en fonction du bien public.

Parce qu'il dépend de l'élection, un pouvoir élu ne peut pas remplir ce rôle d'arbitre. Parce qu'elle ne relevait que d'elle-même, notre Monarchie française l'a rempli.

L'indépendance du pouvoir est donc une qualité nécessaire au service souverain du prince arbitre. N'oublions pas une qualité de position qui permet au Prince d'envisager les problèmes politiques à résoudre de plus loin aussi bien que de plus haut. Seule, une famille royale gardienne d'un intérêt commun perpétuel peut faire intervenir dans ses décisions les prévisions d'un lointain avenir. Ces prévisions ne peuvent être que le fait d'une dynastie, et il faut qu'elles soient faites pour que cet avenir soit sauf.

On a trop coutume de nous présenter le rôle du Roi comme conservateur plutôt que comme progressif. Dans un pays désorganisé, exposé aux plus folles révolutions, la fonction du Prince est bien celle de modérateur, parce qu'il peut se rappeler les leçons du passé, alors que dans une société sans traditions personne n'y pense plus. Mais le vrai rôle du Roi est encore plus utilement celui de précurseur dans une société bien pourvue d'institutions traditionnelles. Celle-ci a toujours assez de sagesse et de sécurité parce qu'elle est toute pleine d'expérience. Mais qui donc peut y favoriser l'expansion des forces jeunes et des institutions nouvelles et bienfaisantes contre la jalousie des autorités sociales établies qui comptent plus de services au passé qu'au présent ? Le Roi seul, parce qu'il est le maître d'un intérêt suprême qui s'étend au développement futur du pays. Et qui donc, si ce n'est le Roi, chef d'une famille, maître d'un pouvoir souverain perpétuel, peut comprendre que l'intérêt général est d'assurer les conditions d'existence de sa patrie pour un avenir toujours plus lointain que les plus lointaines prévisions des familles, des communes, des provinces et de tous les corps de la société. Les fruits bons ou mauvais d'une politique ne se découvrent souvent qu'à longue échéance. Une réforme religieuse aussi perfide que l'anarchie protestante, un enseignement révolutionnaire, une faute diplomatique, se font sentir d'un siècle sur l'autre. Quel régime électif peut rendre responsable un chef d'Etat passager et le punir après sa mort des fautes qu'il a commises ? Mais le Roi pense à ses enfants, car ses enfants paieront pour lui.

Aucun pouvoir élu, le Roi seul, peut être un protecteur efficace et un arbitre indépendant. Il est aussi le grand justicier. Mais la justice peut être en quelque mesure décentralisée. Elle peut être remise avec avantage par le Roi au corps judiciaire ; car cet office exige bien la plus grande fixité et sûreté, mais ne demande pas, comme les autres services d'Etat, l'effort continu et personnel qu'il faut pour la conception et l'exécution d'un plan.

Telles sont les diverses formes du service royal. Toutes nos raisons d'être royalistes tiennent dans ce service rendu à la France par la monarchie.

Nous avons examiné ce service royal d'un point de vue purement réaliste et pratique.

Nous n'avons pas fait de droit constitutionnel.

Nous n'avons pas recherché l'idée qu'on a pu se faire du pouvoir souverain ou du régime représentatif dans l'histoire. On a pu faire de très mauvaises théories d'un très bon gouvernement si l'on n'a pas pris garde aux vraies raisons qui en faisaient la valeur.

Nous n'avons pas eu davantage le souci de préparer une constitution pour l'avenir ou d'en tirer une du passé. Ce travail aurait eu la même vanité que les merveilleux calculs des partisans de la représentation proportionnelle.

Nous n'avons même pas fait une complète apologie de notre ancien régime. Il a réussi dans son ensemble une admirable œuvre politique. On découvrirait cependant des changements et même des contradictions dans certaines formes accessoires de notre tradition nationale. Cependant l'unité française n'est pas le résultat de ces variations, mais du seul fait qui n'ait pas varié : le pouvoir suprême de la dynastie capétienne.

Aussi nous nous sommes contentés de reconnaître une simple leçon d'expérience. Les services souverains ont été rendus tant que les rois étaient nos maîtres et que nous étions leurs sujets. Les services souverains ne sont plus rendus depuis que nous sommes simplement des citoyens.

Ce service royal, dont la France s'est privée en se mettant en République, nous le voyons rendu par d'autres dynasties à nos frontières : en Angleterre par les Hanovre, en Allemagne par les Hohenzollern, en Italie par la maison de Savoie, au delà des Pyrénées par ces jeunes rois d'Espagne et de Portugal qui ont du sang de Bourbon et qui résistent si vigoureusement à l'anarchie, et jusque dans cette petite

Belgique dont le roi Léopold qui vient de mourir nous donne un nouvel exemple qu'un homme dont la vie privée a été jugée si sévèrement peut rester un très grand roi.

Aucun siècle avant le vingtième siècle ne nous montre une pareille Europe, un aussi merveilleux ensemble de monarchies toujours attaquées mais si vivaces, et de princes ayant une telle intelligence de leur métier de roi. Que font-ils donc de plus, tous ces princes régnants, que copier les traditions politiques de notre dynastie capétienne ?

Ils apportent dans le service de l'Etat, et avec plus de force et de lumière, les mêmes qualités essentielles que les autres familles dans leur propre service. Ils sont soucieux de leur patrimoine qui est le bien public, intéressés à l'enrichir, et, à cet effet, désireux de profiter de l'expérience du passé et de savoir prévoir. Ce sont des professionnels nés de familles professionnelles. Le milieu et l'éducation les préparent ; la tradition et l'intérêt les soutiennent. Leur famille a eu un jour la fortune de s'emparer du pouvoir, et d'en remplir avec avantage toutes les charges. Les bienfaits qu'elle a rendus dès l'origine et qu'ils ne cessent pas de rendre font leur force et font leur droit.

La nature fait ainsi des souverains qu'aucune constitution ne peut faire. Comment ne pas se mettre en colère contre ces pauvres fous que les ruines de la République n'éclairent pas et qui nous apportent tous les jours de nouveaux projets de constitution. Comme si leur artifice pouvait faire un pouvoir élu indépendant de son origine toute fraîche, et le soustraire à l'influence des partis ! Comme si leurs ingénieux mécanismes pouvaient faire un souverain responsable, compétent, dévoué par intérêt à sa charge, capable sans effort de vertu de longs espoirs et de grands desseins !

Non. Aucune convention ne peut remplacer le réalisme naturel et historique d'une famille dont l'histoire est celle du pays, qui a fait l'unité de ce pays et qui juge et défend son intérêt en jugeant et en défendant le nôtre.

Quand les infatigables fabricants de constitutions viendront nous demander la constitution monarchique, nous commencerons par leur répondre : « La constitution monarchique est simplement la souveraineté d'une famille. »

Là-dessus, nos bons constituants nous répondront : « Si vous ne voulez pas donner à votre monarchie

« une constitution parlementaire, vous êtes donc « partisans du pouvoir absolu ? »

Le plus simple, le plus clair, le plus net sera de leur rappeler doucement qu'*absolu* a toujours voulu dire affranchi, libre, entier, indépendant, et que c'est précisément la qualité de la Monarchie de garder la souveraineté libre, entière, indépendante, et donc absolue dans son ordre.

Mais beaucoup de gens qui ont quelque peu oublié le sens des mots de la langue française s'imaginent volontiers qu'un pouvoir absolu est un pouvoir sans limites. Pour eux, nous répondrons en expliquant cette formule définitive de M. de la Tour du Pin : « Le pouvoir souverain souffre des limites, mais il « ne souffre pas de partage. »

Il faut bien pénétrer le double sens de cette maxime qui éclaire tout le débat.

Le pouvoir souverain ne souffre pas de partage.

M. de la Tour du Pin n'est ni oublieux ni prophète.

Il ne prétend pas affirmer que certaines concessions du pouvoir royal ne peuvent pas être des procédés accidentels et opportuns de gouvernement.

Il n'oublie pas non plus que l'histoire de France nous présente de nombreux essais de partage de la souveraineté. Ce sont tous les assauts donnés à l'indépendance du pouvoir royal par les féodaux, les Etats généraux, les parlements, et au XIXe siècle par les assemblées parlementaires et les gouvernements de cabinet.

Mais M. de la Tour du Pin, et nous ses élèves, ne pensons pas que la Monarchie future reprenne pêle-mêle les bonnes et les mauvaises expériences du passé. Nous ne sommes pas des traditionalistes serviles. Nous recherchons seulement dans l'histoire quels sont les bienfaits des institutions. Ce point de vue du service rendu est le seul qui nous intéresse, le seul qui crée des droits ; et à ce point de vue les démembrements du pouvoir royal ont toujours été funestes.

En effet, partager la souveraineté, c'est la détruire. Si la souveraineté n'est plus le fait du prince, mais l'accord du prince et du pays, elle n'existe plus en cas de conflit, c'est-à-dire au moment de crise où il est le plus nécessaire qu'elle soit.

Les parlementaires disent que les précautions du régime constitutionnel sont prises pour éviter les dangers de la tyrannie. Ils oublient que ces précautions sont bien mieux prises dans toutes les sociétés qui connaissent de vraies libertés publiques. Les institutions et les corps y ont alors leurs privilèges. Le Roi n'est vraiment chargé que des services d'État ; et son action n'est pas le fait d'une personne sans passé et sans avenir, mais d'un chef de famille professionnelle que son intérêt oblige et dont l'œuvre demande en fait un certain concours du pays. De telles garanties sont réelles, mais en régime normal elles fortifient le souverain au lieu de l'affaiblir. Tandis que donner à une assemblée élue des droits légaux sur le souverain, c'est donner aux pouvoirs particuliers des hypothèques sur l'intérêt général et préparer sa liquidation.

Les précautions qu'une constitution parlementaire croit prendre contre les erreurs du pouvoir royal sont beaucoup plus fortes contre ses services. Un champ de bataille est préparé pour la guerre civile. Des armes sont mises aux mains des représentants du pays, et comme leur responsabilité est étroite et spéciale, leur premier mouvement est de s'en servir pour eux-mêmes. Ainsi le contrôle obligatoire du Roi par les représentants, c'est-à-dire de l'intérêt général par les intérêts particuliers, n'est qu'une entrave légale imposée au bien public.

M. de la Tour du Pin nous donne donc cette simple leçon d'expérience que, pour rendre tous les services qu'on doit en attendre, le pouvoir souverain ne souffre pas de partage.

Il ajoute : le pouvoir souverain souffre des limites. Les limites du pouvoir royal sont de deux sortes. Elles lui sont intérieures ou extérieures. Les premières s'imposent au pouvoir royal par sa nature même ; les autres lui viennent des libertés publiques, c'est-à-dire, en fait, de la force de résistance de tous les autres corps et de tous les autres pouvoirs de la société.

Examinons rapidement les premières limites. Elles paraissent les plus banales; elles ne sont pas les moins efficaces.

La nature héréditaire du pouvoir royal le détermine. L'intérêt de la Maison de France commande ses actes. L'autorité de la tradition, le secours de l'éducation professionnelle, l'influence de l'Eglise qui définit le devoir royal, sont d'autres chaînes.

L'autorité et la valeur personnelle des ministres et des conseillers du prince sont encore des limites à sa puissance. Les services d'un Sully, d'un Richelieu ou d'un Colbert sont des concours avec lesquels Henri IV, Louis XIII et Louis XIV ont dû compter. En même temps qu'ils soutiennent, éclairent et servent le Roi, leur place est une limite souple mais certaine à son pouvoir. Ces serviteurs sont libres de refuser leur service s'ils jugent qu'ils s'associent à de trop lourdes fautes. Le crédit qu'ils ont auprès du pouvoir, la confiance que leur accorde le pays, les services qu'ils rendent à leur poste font que le Roi ne se passe pas sans balancer de leur concours.

En cas de crise ministérielle dans un régime parlementaire, le souci de l'opinion publique ou les intérêts de parti livrent à discrétion le gouvernement. Au contraire, le Roi qui n'est pas lié par de prétendus droits constitutionnels peut estimer chaque service à son juste prix. La valeur des services rendus par un collaborateur du souverain, et les services que le souverain peut encore en attendre guident et souvent arrêtent le pouvoir royal ; mais ces limites ne sont pas des entraves légales, constantes et rigoureuses à l'action du Prince, mais des forces positives que son action trop hardie doit déplacer.

Quand M. de la Tour du Pin nous dit que le pouvoir souverain souffre des limites, il ne pense pas seulement aux limites intérieures que sa propre nature et son exercice même imposent à une Monarchie héréditaire et traditionnelle ; il pense encore à ces frontières du pouvoir royal qui sont les libertés publiques, c'est-à-dire les institutions fortes d'un pays décentralisé. En écrivant à Charles Maurras : « La décentralisation, c'est l'économie, c'est la « liberté, » Mgr le duc d'Orléans nous a donné en quelques mots la plus belle assurance et le meilleur programme de libertés publiques.

Le Roi pourra tenir ces belles et sûres promesses du duc d'Orléans, car les actes de son pouvoir indépendant s'arrêtent aux limites des fonctions souveraines.

Le Roi règne et gouverne, et, sous son gouvernement, le pays décentralisé s'administre.

Décentraliser, c'est rétablir les assises traditionnelles des familles stables, c'est rendre leurs libertés à nos communes, à nos pays et à nos provinces, c'est reconnaître les faits d'organisation corporative et donner aux corps professionnels les moyens de veiller sans défaillance aux intérêts du métier et de la production, c'est encourager toutes les institutions privées et bienfaisantes : hôpitaux, musées, écoles, universités, congrégations, Église, et leur laisser l'indépendance, le rang et les privilèges qui correspondent à leur service.

Ce sont là les vraies libertés publiques, et en même temps les limites les plus sensibles à l'autorité du prince. Il ne s'agit pas de savoir si les sujets ont des droits sur le pouvoir royal. Ils n'en ont pas. Ils n'en auraient qu'en le détruisant. Mais les institutions autonomes d'un pays gouverné par un Roi sont des forces avec lesquelles et sur lesquelles ce roi doit compter. Ce sont les seuls obstacles pratiques à la tyrannie.

La vraie tyrannie est celle d'une souveraineté anonyme ou toute personnelle, mais sans règle, sans tradition et sans limites, qui, n'ayant ni racines dans le passé ni garanties d'avenir, absorbe et détruit toutes les institutions indépendantes, divise et décompose pour régner.

C'est la République ou c'est l'Empire. Comparez-leur la force et la souplesse d'une souveraineté dynastique soutenue et limitée par des forces historiques et positives comme elle, vous aurez la Monarchie française.

LA REPRÉSENTATION DES INTÉRÊTS

En examinant les limites naturelles du pouvoir royal, nous n'avons pas parlé de représentation; car M. de la Tour du Pin et ses disciples, quelque place qu'ils donnent à une bonne représentation, n'y voient pas une force indépendante. Réduite à représenter les intérêts divers du pays, elle ne garde pas la place usurpée qu'elle a dans les constitutions parlementaires.

Nous comprenons très bien que les défenseurs de la représentation proportionnelle comme tous les fabricants de constitution parlementaire n'aient pas de plus digne souci que de proposer un nouveau mode qu'ils croient plus parfait de régime électoral.

Pour eux, les assemblées des représentants sont toute la vie politique de la nation. Elles sont censées rendre les services d'État ; et en même temps, par intérêt électoral, elles absorbent les pouvoirs de tous les corps de la société. C'est pourquoi la représentation est pour eux d'une importance souveraine.

Mais dans la Monarchie corporative, le Roi reprend son service de souverain, les institutions du pays décentralisé leurs services privés et corporatifs ; et, au milieu des pouvoirs politiques ainsi répartis, la représentation, qui n'a plus à gouverner ni même à administrer, n'est plus qu'un organe de relation entre le Prince et le pays.

Le gouvernement se fait par le Prince en ses conseils.

L'administration se fait par le peuple en ses États, c'est-à-dire en ses conseils communaux, provinciaux et corporatifs.

L'intérêt général est le service du Roi.

Les intérêts particuliers sont à la charge des corps locaux, régionaux et professionnels. Il y en aura par tous les pays de France, et selon la diversité de leurs éléments ; il y en aura pour l'agriculture et l'industrie, pour l'assistance et l'instruction publique ; il y en aura pour tous les intérêts spéciaux qui font la vie d'une société. Et chacun de ces corps aura son budget, ses libertés et ses lois.

Ceci nous permet de voir très clairement pourquoi dans la Monarchie héréditaire, traditionnelle, antiparlementaire et décentralisée, la représentation n'est pas un pouvoir.

C'est qu'elle n'est plus maîtresse des services d'État militaires et diplomatiques qui sont le fait du prince.

C'est, d'autre part, qu'elle n'a plus à décider le règlement des intérêts particuliers à l'agriculture, à l'industrie, au travail, à l'assistance publique, à l'enseignement ou aux diverses provinces françaises, parce que les mesures utiles, tant qu'elles ne contredisent pas l'intérêt général, sont prises librement par les institutions du pays, le vrai peuple de France en ses États.

Aussi les soucis et les efforts des constituants pour changer le mode du régime électoral nous paraissent des inquiétudes et des gestes très ridicules et très vains. Aujourd'hui, avec la représentation proportionnelle, ils nous proposent de classer plus fidèlement les électeurs dans leur parti. Demain, ils nous proposeront en apparence de classer les gens par métier en les faisant voter par collèges professionnels.

Supposons qu'ils prennent de plus grandes audaces encore pour obtenir la plus exacte représentation nationale. Leur meilleure volonté, sans parler de leur intérêt et de leur malice, s'arrêtera toujours à deux obstacles insurmontables que la Monarchie ne connaît pas.

D'une part, une bonne représentation exige une société corporative, et les principes républicains, l'existence même de la république ne souffre pas de société corporative.

Et, d'autre part, en l'absence du Roi, la meilleure représentation n'organise que la rivalité des intérêts.

Qu'est-ce donc d'abord que cette meilleure représentation du pays ? Ce n'est pas l'assemblée des élus d'un régime d'opinion. Car nous savons qu'il n'y a rien de plus capricieux, de plus anonyme et au fond de plus anarchique que l'opinion. Et nous savons ce qui fait l'opinion. Ce sont les idées de 89, ces vieilles nuées par lesquelles la presse vénale, l'école d'État et l'université d'État déforment l'esprit des petits Français pour en faire de bons électeurs. Ce qui fait l'opinion, c'est encore tout un système de corruption, tout un flot de services personnels et de faveurs dispensés au peuple souverain pour le lier à la fortune de ses élus.

Vouloir une représentation de l'opinion dans une société décomposée, c'est chercher à faire représenter les intérêts souvent les moins avouables, et sous le couvert de l'anonyme, les pouvoirs les plus étrangers aux forces vives du pays.

Au contraire, ce sont ces forces vives du pays qu'il faut reconnaître pour obtenir la meilleure représentation nationale. Il faut représenter tout ce qui sert, tout ce qui concourt à la prospérité publique, tout ce qui ajoute de nouvelles richesses au patrimoine français. Politiquement, l'individu n'est pas un numéro dans la société ; il n'est intéressant que par la place qu'il occupe et par les services qu'il rend. Il n'est vraiment citoyen que dans la mesure où il est bien d'une famille, d'une commune et d'un métier. Ce sont ces familles qu'il s'agit de voir représenter dans la commune, ces communes et ces métiers qu'il s'agit de voir représenter dans le pays. Mais pour le faire utilement, il faut que familles, communes et corps de métier soient des personnes morales, vivantes et fortes. Il faut que familles, communes et corps de métier soient des milieux stables ayant leurs traditions, leurs libertés et des lois qui les protègent. La famille ne doit pas être cette société passagère dont la loi disperse le patrimoine à chaque génération, dont elle s'attache à rendre les liens conjugaux et paternels plus fragiles et dont les membres trop souvent déracinés ou déclassés ont perdu le souvenir de leurs morts, l'amour de leur sang et le sentiment des devoirs qu'il leur impose. La commune ne doit pas être une circonscription administrative, mais une libre société de familles établies sur un coin du sol français. Le corps de métier ne doit pas être la réunion momentanée des individus vivant du même travail, mais l'organisation permanente de la profession.

Il faut, en somme, que familles, communes et métiers aient assez de durée, de cohésion et d'indépendance pour avoir le sentiment éclairé et le souci naturel de leurs intérêts corporatifs. C'est alors seulement qu'ils peuvent servir de base à une bonne représentation des intérêts. Et c'est pourquoi cette bonne représentation des intérêts est possible en Monarchie et qu'elle est impossible en République.

Si, plus tard, après la représentation proportionnelle qu'elle nous propose, la République prétendait nous donner la représentation professionnelle,

elle ne réussirait qu'à nous donner une représentation d'individus classés autrement sur d'autres rôles administratifs. C'est qu'en régime électif, le pouvoir républicain ne peut accorder aux institutions et aux corps de la société les privilèges qui feraient leur vie et leur force, car cette vie et cette force seraient pour lui des menaces de mort.

Mais supposons un instant que les corps sociaux ayant recouvré leur force avec leurs privilèges, la République puisse nous donner une bonne représentation des intérêts : nous parlons ici de la mieux organisée, de la plus exacte, de la plus fidèle, de la plus intelligente et la plus dévouée à ses fonctions, et ainsi de la mieux composée.

Quels services pourrons-nous en attendre ? Elle n'aura plus à s'occuper des intérêts particuliers, puisque les corps sociaux reconstitués auront recouvré la liberté de leurs règlements et l'administration de leurs biens. En l'absence du Roi, l'assemblée des représentants n'aura plus qu'à rendre le service royal. Or elle n'a aucune des vertus de position qui pourraient en faire un juge exact de l'intérêt d'État.

Il faut attendre au mieux de cette assemblée modèle le service des intérêts qu'elle représente. Elle organise les intérêts particuliers ; elle met en présence leurs mandataires ; les plus forts décideront du sort des autres ; mais qui prendra soin de l'intérêt général dans cette affaire ? La meilleure représentation du pays n'en aura nul souci ; l'intérêt de l'État n'est pas son fait ; avec plus ou moins de cynisme ou d'inconscience, elle le partagerait plutôt au profit des corps particuliers dont elle est issue.

Ainsi la République ne peut pas nous donner de fidèle représentation des intérêts, et, le pourrait-elle, cette représentation ne cesserait pas de livrer l'État aux pires déchirements. Ajoutons que dans les monarchies parlementaires du XIXe siècle qui ont été réduites à partager les pouvoirs d'État avec la représentation du pays, ce partage a pu être une mesure de circonstance inévitable. Seulement il n'a jamais été un progrès, mais un recul. C'est un sacrifice partiel de l'intérêt général aux intérêts de classe, de corps ou de parti, car les représentants devenus gouvernants se servent avant de servir l'État. Ces leçons de l'histoire suffisent à justifier cette remarque pénétrante dont Louis XVI annota le Mémoire de Turgot : « L'idée de former des « États généraux perpétuels, écrivait Louis XVI, est « subversive de la Monarchie, qui n'est absolue que « parce que l'autorité n'est point partagée. » Et les faiblesses de Louis XVI et l'histoire du XIXe siècle suffisent à justifier le Comte de Chambord de n'avoir pas voulu devenir le roi légitime de la Révolution et d'avoir dit un jour à M. de la Tour du Pin ces dures et belles paroles : « Il y a maintenant une « manière de gouverner bien commode. Le matin,

« avant de partir pour la chasse, on signe les décrets « que vos ministres vous présentent, et, le soir, si cela « n'a pas pris, on signe le contraire. Si les Français « veulent être ainsi gouvernés, ils n'ont pas besoin de « moi. »

Mais dans la Monarchie traditionnelle, une bonne représentation des intérêts sert le Roi sans prétendre le conduire ni le juger ; son service est avant tout de lui découvrir les rapports les plus sensibles de l'intérêt général avec les intérêts particuliers. Ainsi la représentation éclaire le pouvoir sur les conséquences de son action ou de son inertie; elle informe le gouvernement des vœux et des plaintes des gouvernés ; elle donne au souverain la mesure de l'assentiment du pays ou de sa résistance.

On peut imaginer des modes très nombreux de représentation correspondant à toutes les formes de l'activité sociale de notre patrie. Les calculs des partisans de la représentation proportionnelle y trouveraient même leur place. Le Roi ne peut que gagner à posséder les cartes les plus complètes des vrais intérêts du pays, les meilleurs baromètres de l'opinion publique.

Nous voyons ainsi que dans une monarchie corporative le vrai rôle des représentants est un rôle d'intermédiaires entre le Roi et les divers corps de la société. Dans ce rôle d'intermédiaires, en servant le corps qui les choisit, ils servent le Roi.

Mais pas plus que la garantie du bien public n'est dans le contrôle du pouvoir royal, la garantie des intérêts particuliers n'est dans leur participation au gouvernement.

Nos vraies libertés, sous le Roi, ne sont pas dans le mécanisme d'une représentation, mais dans la force des institutions autonomes qui ne sont plus des morceaux de bureaucratie dépendant de l'Etat. Nos vraies libertés sont dans la puissance libre et les privilèges des corps ; et la représentation de ces corps ne vaut jamais que ce qu'ils valent eux-mêmes, parce que la représentation n'est que le signe et le reflet des institutions.

Rendre aux intéressés la libre gestion de leurs intérêts, telle est la formule des Restaurations nécessaires. Ce fut toute l'histoire de notre patrie dont une famille française a fait la fortune en faisant la fortune de sa Maison.

## LA MAISON DE FRANCE

Notre ancienne Monarchie ressemblait à ces vieilles et solides maisons de famille construites par des maîtres ouvriers à une époque où l'on savait bâtir. Cette maison avait abrité pendant des siècles de nombreuses générations d'une même race. Les chefs de famille qui s'y étaient succédé de père en fils avaient veillé à la réparer, à l'aménager et à l'embellir avec un soin jaloux de propriétaire, et l'amour qu'on garde aux maisons pleines de souvenirs et de promesses. Si le mauvais temps venait à en dégrader quelque partie, le maître donnait ses premières ressources pour qu'on la remît en état. Quand l'occasion se présentait favorable, il ajoutait un pavillon à son vieux logis. Il se faisait tenir au courant de tous les progrès qui pouvaient améliorer son domaine, aimant à voir partout autour de lui un air d'aisance heureuse. Comme il avait du goût, il ne négligeait pas de donner à sa propriété le plus bel aspect, et en même temps il s'enrichissait chaque jour de livres plus précieux et d'œuvres d'art plus parfaites. Enfin sa maison avait une telle renommée qu'elle rendait tous ses voisins jaloux de sa noblesse et de sa fortune, auxquelles s'ajoutait par surcroît le prestige d'une éducation supérieure.

Tout un peuple de fidèles serviteurs vivait dans cette maison, à l'abri, et assez à l'aise, partageant plus ou moins la jouissance de tous ces trésors, et laissant au maître l'inquiétude et le souci du lendemain.

Mais un jour ces serviteurs se lassèrent d'obéir. Probablement excités par quelque voisin jaloux, ils mirent le maître à la porte et la maison au pillage. Depuis lors ils s'y logèrent tant bien que mal à leur fantaisie. On cessa de construire, on cessa même de réparer. Les plus brigands prirent et vendirent tout ce qui leur tomba sous la main. Les plus bêtes ou les plus fous firent mille autres extravagances : ils perçaient des fenêtres ou abattaient des murs sans se soucier de la solidité de la maison. Comme personne ne commandait, on ne s'en disputait que mieux.

Un jour, une tribu de bohémiens qui passait mit tout le monde d'accord en prenant les meilleures places. Puis, une fois bien installés, ces bohémiens se mirent à parler en maîtres. Mais comme ils se sentaient étrangers aux lieux et aux hommes, ils se firent servir sans prendre soin ni des lieux ni des hommes. Et les serviteurs infidèles et ingrats commencèrent à regretter leurs anciens maîtres.

Cette maison de famille, c'est notre patrie. Nous sommes ces serviteurs infidèles et ingrats. Si nous ne voulons plus habiter une maison délabrée et vivre sous la loi des étrangers qui campent chez nous, il faut rappeler le chef de famille, il faut restaurer la Maison de France.



Jean RIVAIN.

Poitiers. — Société française d'imprimerie.

www.ingramcontent.com/pod-product-compliance
Ingram Content Group UK Ltd.
Pitfield, Milton Keynes, MK11 3LW, UK
UKHW032013260826
14628UKWH00005B/2469

9 782013 382113